ICS 01.140
A 14
备案号:55281－2016

WH

中华人民共和国文化行业标准

WH/T 76—2016

流动图书车车载装置通用技术条件

General technical specification of vehicle-mounted facilities for mobile library vehicle

2016－07－19 发布　　2016－11－01 实施

中华人民共和国文化部　发布

图书在版编目（CIP）数据

WH/T 76—2016 流动图书车车载装置通用技术条件/中华人民共和国文化部发布. --北京：国家图书馆出版社，2016. 12

中华人民共和国文化行业标准

ISBN 978 - 7 - 5013 - 6034 - 5

Ⅰ. ①W… Ⅱ. ①中… Ⅲ. ①流动书车—专用设备—通用技术—技术条件—行业标准—中国 Ⅳ. ①G252. 5 - 65

中国版本图书馆 CIP 数据核字（2016）第 313331 号

书　　名　WH/T 76—2016 流动图书车车载装置通用技术条件

著　　者　中华人民共和国文化部　发布

责任编辑　高　爽　王炳乾

出　　版　国家图书馆出版社（100034　北京市西城区文津街 7 号）

（原书目文献出版社　北京图书馆出版社）

发　　行　010 - 66114536　66126153　66151313　66175620

66121706（传真）　66126156（门市部）

E-mail　nlcpress@ nlc. cn（邮购）

Website　www. nlcpress. com ——→投稿中心

经　　销　新华书店

印　　装　北京鲁汇荣彩印刷有限公司

版　　次　2016 年 12 月第 1 版　2016 年 12 月第 1 次印刷

开　　本　889 × 1194（毫米）　1/16

印　　张　1

字　　数　20 千字

书　　号　ISBN 978 - 7 - 5013 - 6034 - 5

定　　价　20. 00 元

目　　次

前　　言

本标准按照 GB/T1. 1—2009 给出的规则起草。

请注意本标准的某些内容可能涉及专利,本标准的发布机构不承担识别这些专利的责任。

本标准由中华人民共和国文化部提出。

本标准由全国图书馆标准化技术委员会(SAC/TC389)归口。

本标准起草单位:文化部财务司、中国艺术科技研究所、河北省图书馆、武汉图书馆。

本标准起草人:马秦临、魏冀、于爱国、闫常青、沙狄、胡晓群、刘建华、姜立中、顾玉青、杨洪江、杨文静、冯宝秀、刘彤、纪锋亚、李静霞、张颖、魏丹、纪赞。

本标准的附录 A 为规范性附录。

引　言

为了促进城乡一体化和公共文化服务标准化、均等化，解决我国基层公共文化设施短缺和分布不均衡问题，满足基层广大群众不断增长的精神文化需求，全国范围内基层文化单位广泛开展了流动公共文化服务模式。流动图书车是流动公共文化服务的一种重要形式，是图书馆对外服务延伸的重要载体，针对基层群众借书难、读书难问题，为广大基层群众提供图书馆图书配送，现场图书报刊阅览，图书资料借阅、查询，数字文献阅读等服务，同时兼备文化宣传、文化知识普及培训、多媒体文化娱乐活动等综合服务。

流动图书车是我国公共文化服务的一种特殊形式，尚无与其对应的国际标准或国家标准。为了推进我国流动图书车行业健康有序的发展，促进其形成我国公共文化服务的一种专业模式，满足图书馆服务下基层的需要，更好地适应市场及用户需求，以及为流动图书车质量认证提供技术支撑，特编制本标准。

本标准规定了流动图书车专用设备的配置范围、术语、规范性引用文件、总体要求、产品型号编制、技术要求、试验方法、检验规程及其他要求，并对本专用要求涉及的车体改装部分和改装后的车辆性能提出特殊的安全要求。鉴于流动图书车目前全部是通过采用国内具有资质的车辆生产企业的底盘改装而成，对于常规汽车行驶、安全方面的检测及试验方法，可参照现行的汽车相关标准。

本标准的某些内容可能涉及专利或其他知识产权，研制和发布机构不承担识别这些知识产权的责任。

流动图书车车载装置通用技术条件

1 范围

本标准规定了流动图书车车载装置的主要总成、安全防护装置等有关运行安全的基本技术要求，以及车载改装用电设备明细的要求。

本标准适用于我国流动图书车车载设备。

2 规范性引用文件

下列文件对本文件的应用是必不可少的。凡是注日期的引用文件，仅注日期的版本适用于本文件。凡是不注日期的引用文件，其最新版本（包括所有的修改单）适用于本标准。

GB 7258 机动车运行安全技术条件

GB/T 9969 工业产品使用说明书 总则

GB 12676 汽车制动系统结构、性能和试验方法

GB/T 13594 机动车和挂车防抱制动性能和试验方法

GB 16735 道路车辆 车辆识别代号（VIN）

GB/T 18411 道路车辆 产品标牌

GB/T 18505 汽车轮胎动平衡实验方法

GB/T 30037 汽车电动天窗

GB 50034 建筑照明设计标准

建标 108—2008 公共图书馆建设标准（附条文说明）

QC/T 252 专用汽车定型试验规程

实施汽车强制性项目检验和定型试验规程的规范性要求

3 术语定义

下列术语定义适用于本文件。

3.1

流动图书车 mobile library vehicle

将机动车车体改装为具有图书馆部分服务功能并能够安全行驶至基层从事图书馆业务的专用作业车。

3.2

藏书架 bookshelf

用于流动图书车（3.1）陈列图书、报刊、光盘的专用书架。

3.3

车载改装用电设备 electrical equipment for vehicle modification

特指流动图书车(3.1)专用配置的220V/50Hz标准用电设备。

4 总体要求

4.1 资格要求

流动图书车是公益性公共文化服务专用作业车,其改装必须由具有汽车改装资格的主体进行,改装所需材料和装备必须符合国家规定的相应技术标准和环保标准,并能提供产品质量鉴定书,包括本标准"8.1 型式试验"和"8.2 出厂检验所规定的要求"。

4.2 功能要求

4.2.1 流动图书车应满足以下基本功能:

a)藏书量(包括图书、报刊等文献资料)应符合建标108—2008的相关要求,达到1500册以上;

b)图书、报刊等文献资料配送周转;

c)图书、报刊等文献资料现场阅览和借还;

d)图书证办理;

e)书目检索;

f)多媒体影音播放;

g)数字文献资源在线及离线查询、阅览和下载;

h)宣传标语和宣传片对外展示。

4.2.2 流动图书车宜具有以下扩展功能:

a)藏书量(包括图书、报刊等文献资料)达到3000册以上;

b)配备一定数量的阅读座椅和活动座椅;

c)配备现代多媒体设备,开展社会教育和提供文化娱乐服务,如用于开展知识讲座、技能培训、政策时事宣传、影视音乐欣赏、专题演讲和展版宣传等活动;

d)配备车载电子书阅读器供读者实时阅览和查询数字文献资源;

e)其他功能。

4.3 性能要求

a)宜选用车体平稳、车厢内净空间满足4.2要求的良好车型,并且车体应具有美感。

b)整车性能、油耗、维护、维修等应满足各级公共图书馆的使用条件和要求,车辆稳定性好、可靠性高、油耗低、便于维护。

c)流动图书车应满足我国境内乡镇道路和气候条件的行驶要求,尤其是山区、高海拔地区、高温、高寒和潮湿地区等特殊道路和气候条件的使用。

5 产品型号编制

改装后的流动图书车属于"专用作业车",其型号编制应符合以下要求:

a）明确专用用途为“图书车”，代号“TSH”；

b）标识原车结构为厢式，代号“X”；

c）明示改装设计型号序列号，代号为数字；

d）明示车辆最大总质量和最大装载质量，代号“XXX（XXX）”

e）明确汽车类别代号（专用车5）；

f）明确汽车生产企业名称代号。

示例：

以“XXX512（6）1XTSH”为型号，说明该流动图书车为某汽车公司生产的第1款最大总质量12吨，最大装载质量6吨的厢式流动图书车。

6 技术要求

6.1 安全配置要求

6.1.1 流动图书车须配置灭火装置，以防止图书等易燃物发生火灾。

6.1.2 流动图书车内座椅须装有座椅安全带，以保证随车工作人员安全。

6.1.3 车厢侧门或后开门应醒目标示“安全出口”等安全标识；应配置天窗逃生出口，以保证车辆侧翻时车内人员安全逃生，其中天窗逃生出口应符合GB/T 30037的相关要求。

6.1.4 车厢入口处应设有扶手，便于老年人及残障人士上下。

6.1.5 藏书架底部应固定，整体应安装牢固，并与车体刚性连接。车辆行驶中不得出现藏书架摇晃、倾倒、图书倾覆或滑落的现象。

6.1.6 借阅台配置的电脑、电脑桌和座椅必须固定在车体上，车辆运行时不得出现桌椅滑动、碰撞的现象。

6.1.7 设备储藏箱应固定安装。多媒体等可移动设备应置放于设备储备箱内并妥善保护，防止碰撞带来损伤和损害。

6.1.8 配备活动桌椅的，在车厢内应固定安装或采取固定措施。

6.1.9 车厢内应采取必要的防碰撞处理措施，如边角圆弧处理和必要包裹处理。

6.1.10 车厢内外露或涉及人身安全的线缆应有安全防护装置，固定在合适位置。

6.1.11 宜配置分别面向车体内外具有存储功能的安全记录仪。

6.1.12 车体应设置安全的电气接地措施与装置。

6.1.13 车体的整备质量及最大装载质量的偏载量不宜超过5%。

6.2 整车配置要求

流动图书车的整车、发动机、转向系、制动系、照明、信号装置和其他电气设备、行驶系、传动系、车身、安全防护装置等通用配置应满足GB 7258的要求，同时还应符合如下要求：

a）车辆内部应符合下列要求：

1）车厢内部高度不应小于1.8m；

2）车厢地板应防滑耐磨平整；

3）车厢内通道宽不得小于1.0m。

b)车身应符合下列要求：

1)车轮轴距不得小于3.2m；

2)荷载后底盘最小离地间隙不得小于0.17m；

3)应有两个或两个以上的车门，其中侧门宽不得小于0.75m；宜在侧后门设置保护措施，保障车内人员在此区域站立或通行安全；

4)车门踏板的踏步高度不应大于0.16m。

c)车辆性能应符合下列要求：

1)驱动型式为4×2，后双胎；

2)最大总质量不得小于6500kg；

3)最大承载质量不得小于1000kg；

4)额定乘员数不得小于3人，但不宜大于7人，含正副驾驶座；

5)额定功率不得低于85kW；

6)汽车的制动性能应符合GB 12676和GB/T 13594的规定；

7)最小转弯半径不得大于7m；

8)满载后最大爬坡度不得小于30%；

9)应配置车载空调系统，保持车内温度和湿度适宜；宜配置通风口，供驻车服务使用；

10)改装线路和预埋信息线路、民用电线路等各类电缆不应外露或有摩擦隐患，绝缘性能应符合车辆电气性能相关标准的要求，并应安装牢固；

11)排放标准不得低于国家和使用地区的环保和排放要求。

6.3 专用配置要求

6.3.1 流动图书车应配置固定式藏书架。藏书架宜安装在车厢内的两侧；应选用耐腐蚀不易变形的金属材料制作；有条件的车型宜留有图书周转箱等物品储藏的空间。

6.3.2 流动图书车应配置可移动的报刊阅读架，报刊阅读架应具备车内外使用的功能。

6.3.3 流动图书车宜在靠近车门位置配置借阅台，包含固定电脑桌和座椅，配备至少一台计算机和(电子标签或条型码)扫描仪；流动图书车计算机的配置，应符合图书馆办证、图书借还、书目查询、数字文献浏览下载等功能要求。

6.3.4 流动图书车宜配置无线网络设备，满足读者获取图书数字资源的需求。

6.3.5 流动图书车应配置设备储藏箱，用于存储多媒体等活动设备。

6.3.6 流动图书车宜配置适用于搬运和配送的图书周转箱和移动推车，且图书周转箱和移动推车在车辆运行时应存放于固定位置，不得随车体移动。

6.3.7 流动图书车宜配置适用于沿路宣传使用的液晶显示屏系统，并牢固安装于车辆侧窗内，面向车外明显位置。

6.3.8 流动图书车应配置用电220V/50Hz，容量不低于4.4kVA的配电箱，配电箱内应设总开关和标准插座，并配置漏电保护装置。车载改装用电设备的额定功率和参数要求应符合附录A的要求。

6.3.9 流动图书车宜配置数字影音系统，包括数字影像播放系统和数字音频播放装置。

6.3.10 车厢内照明条件应符合图书馆阅览室照明亮度的要求。应在藏书架上部安装照明灯，照明标准值参考GB 50034的相关要求。出入口、台阶、服务台都应有充足照明。

6.4 辅助配置要求

6.4.1 为了提供舒适的阅读环境，流动图书车宜配置满足车内温度有效调节的驻车空调装置。

6.4.2 为便于驻车时引入外部220V/50Hz电力供车载改装用电设备使用，流动图书车应配置不低于50m长的移动式卷线电力盘。电力盘的线缆连接和收拢应方便、安全，额定容量不低于3kVA，引入外接线路时，应确保车载改装用电设备安全运行；配电装置应严格按照户外电器安全和防护标准执行。

6.4.3 为适应无外接220V/50Hz电力时开展对外服务，和满足停电等特殊情况下的应急需要，流动图书车可配置备用电源设备（如采用安全性较高的发电机等），供车载改装用电设备使用。如配置备用电源设备，其性能应满足如下要求：

a）连续工作2小时以上；

b）备用电源设备功率应满足车载改装用电设备满负荷运行。

6.4.4 为便于驻车时车外搭建讲台，流动图书车宜配置折叠桌椅和易于收藏和打开的遮阳棚。遮阳棚应安装在车外右侧顶蓬处，展开面积不应小于4m×3m。遮阳棚应具备6级强风的抗风能力，并具有防雨防雪性能。

7 试验方法

7.1 功能试验

7.1.1 配送功能的额定荷载能力试验，应按照极限荷载能力装设图书，检验底盘距地最小距离是否符合本标准6.2 b)2)的要求。

7.1.2 藏书架藏书能力的试验，应按照正常书籍排列摆放，通过计算或实际排放检验是否具有1500册书籍以上的藏书能力。使用图书馆常用周转箱检验藏书架底层储藏空间的功能满足程度。

7.1.3 借阅功能检验应按照实际图书资料借还、阅读、查询的流程进行操作试验。阅读功能的检验必须在夜间检查车厢照明是否符合6.3.10的要求。借还、查询等使用电脑的功能试验，必须按照实际流程进行操作检验。

7.1.4 数字文献的下载和无线网络服务应在边远乡村实际操作检验。

7.1.5 文化宣传、知识培训、多媒体文化娱乐活动等功能检验应按照实际使用功能进行检验。

7.1.6 空调、发电机、外接电源卷线电力盘和配电盘的功能试验，应进行不少于2小时的全负荷连续检验。

7.2 安全试验

7.2.1 道路行使安全试验应包括排挡、制动、最小离地间隙、最小转弯半径和最大爬坡度等内容。

7.2.2 藏书架牢固性和不易变形性检测可通过人力搬动和摇动试验是否松动、变形，检验藏书架底座固定方式是否具有防震动松动的装配。图书防倾覆试验，可通过少量书籍摆放的实际转弯行驶检验。

7.2.3 最小转弯半径的安全检验必须在满载条件下试验，检验是否满6.2 c)7)的要求。

7.2.4 最大爬坡的坡度试验必须在满载条件下试验，检验是否满足6.2 c)8)的要求。

7.2.5 车辆出厂前，应做车体平衡实验，平衡实验应满足GB/T 18505的相关要求。

8 检验规程

8.1 型式试验

8.1.1 凡属下列情况之一应进行型式检验:

a) 新产品;

b) 老产品转厂生产;

c) 停产两年以上的产品再次生产;

d) 正常生产的产品历经3年;

e) 产品设计,工艺或使用材料的改变影响产品性能时,应对受影响项目进行检验。

8.1.2 流动图书车型式试验的项目,应按《实施汽车强制性项目检验和定型试验规程的规范性要求》和QC/T 252的要求执行,其中,车载装置部分按QC/T 252附录E的内容执行,试验方法按QC/T 252第7部分的要求执行。

8.2 出厂检验

8.2.1 产品出厂前,必须整车逐台检验。

8.2.2 整车必须经具有特种车辆质量检验资格的机构进行检验,并出具整车检验合格证书和配置设备的产品合格证。任何一项不合格的配置设备均属于整车不合格。

9 其他要求

9.1 标志

9.1.1 流动图书车应在明显部位固定产品标牌。标牌应符合GB/T 18411的规定,包括以下内容:

a)产品名称与型号;

b)产品外形尺寸(长×宽×高),单位:mm;

c)厂定最大总质量,单位:kg;

d)整车整备质量,单位:kg;

e)出厂编号及出厂日期;

f)制造厂名及厂牌;

g)车辆识别代号(VIN)。

9.1.2 流动图书车车车辆识别代号(VIN)应符合GB16735的规定。

9.1.3 流动图书车应在车身显著位置喷涂“流动图书车”或相近字样。

9.2 随车文件

9.2.1 随车文件应包括但不限于:

a)产品合格证和底盘合格证;

b)使用说明书;

c)保修证书;

d)改装线路和预埋线缆的布置图;

e)随车备件、附件清单；

f)汽车性能参数表。

9.2.2 使用说明书编写应符合 GB/T 9969 的有关规定，包括但不限于以下内容：

a)产品名称与型号；

b)生产企业名称、详细地址；

c)技术特点；

d)结构特点；

e)使用和维修；

f)技术保养。

9.3 运输

在铁路（或水路）运输时以自驶（或拖曳）方式上下车（船）。若必须用吊装方式装卸时，需用专用吊具装卸，防止损伤产品。运输中，各种管路、接头应包扎密封，防止尘土进入和损坏。

9.4 贮存

长期停放时，应切断电源，锁闭车门、窗，放置于通风、防潮及有消防设施的场所。

9.5 维修与保养

9.5.1 流动图书车保修应按年计算，不宜使用公里数计算。质保期限不得低于 2 年。

9.5.2 流动图书车应按产品使用说明书的规定进行定期保养。

附录 A
（规范性附录）
车载改装用电设备明细表

表 A.1 给出了专用配置照明、驻车空调运转、文娱活动设备的车载改装用电设备明细表。

表 A.1 车载改装用电设备明细表

序号	名称	额定功率	参数要求
1	专用照明	≥2kW	220V/50Hz
2	驻车空调	≥1.5kW	220V/50Hz
3	多媒体系统	≥1kW	220V/50Hz

参考文献

[1]《国务院关于加强节能工作的决定》(国发〔2006〕第28号)

[2] GA 802《机动车类型 术语和定义》

[3] GB 1589《道路车辆外扩尺寸、轴荷及质量限值》

[4] GB 5226.1《机械电气安全 机械电气设备 第1部分:通用技术条件》

[5] GB/T 18411《道路车辆 产品标牌》

[6] GB/T 28591《风力等级》

[7] QC/T 252《专用汽车定型试验规程》

[8] QC/T 484《汽车油漆涂层》

[9] JB/T 5943《工程机械 焊接件通用技术条件》

[10] GB/T 28220《公共图书馆服务规范》

国家图书馆出版社
官方微信

ISBN 978-7-5013-6034-5

9 787501 360345 >

定价：20.00 元